FACULTÉ DE DROIT DE PARIS.

THÈSE

POUR

LE DOCTORAT.

PARIS,

IMPRIMERIE DE MOQUET ET HAUQUELIN,
RUE DE LA HARPE, 90.

—

1842

THÈSE
POUR LE DOCTORAT.

L'acte public sur les matières ci-après sera soutenu le
samedi 5 février 1842, à 9 heures 1/2,

Par HIPPOLYTE-MARIE TREBOUS,
AVOCAT A LA COUR ROYALE DE PARIS.

PRÉSIDENT M. OUDOT, PROFESSEUR,

SUFFRAGANTS.	MM. DE PORTETS, PONCELET, VALETTE, BONNIER,	PROFESSEURS. SUPPLÉANT.

*Le candidat répondra en outre aux questions qui lui seront faites
sur les autres matières de l'enseignement.*

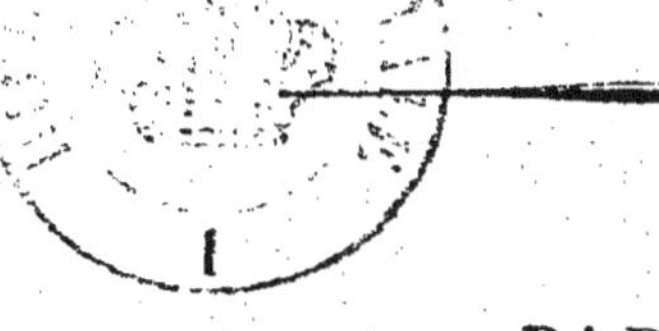

PARIS,

IMPRIMERIE DE MOQUET ET HAUQUELIN,
RUE DE LA HARPE, 90.

1842

JUS ROMANUM.

DE PECULIO.

ff. XV. 1.

Patrem familias servi vel filii creditor ipso jure convenire non potest. Prætor autem, æquitate motus, modò in solidum, modò in partem adversùs dominum vel patrem plures actiones introduxit. Ex edicto enim tripliciter aut de peculio, aut de in rem verso, aut quod jussu contrà dominum potest agere creditor. Illas autem actiones non speciales esse notandum: duntaxat enim indicant quatenùs pater familias dominusve damnari possent; putà tutelæ, aut negotiorum gestorum, aut mandati, aut ex stipulatu actiones sæpè de peculio et de in rem verso competunt.

§ I.

De Peculio generalia.

Peculium dictum est quasi pusilla pecunia, vel patrimonium pusillum; quod servus aut filius domini vel patris voluntate separatum habet, deducto autem si quid illi debetur. Ideo quod servus domino subripuit, non fit peculii.

Omnes qui in potestate sunt, masculi et feminae, puberes et impuberes, peculium habere possunt, hoc enim totum patris è voluntate pendere videtur; et si incidat in furorem, nihilominùs peculium retinere poterit.

Peculium à domino, vel dominà, vel patrefamilias constitui potest, dummodò nec impubes nec furiosus sit. Peculium enim pupillus, etiam tutoris auctoritate, constituere nequit. Illud tamen, antè furorem, vel à patre pupilli constitutum, non ex his causis adimetur.

Ad constituendum peculium non sola sufficiat voluntas: oportet quòd interveniat traditio, vel, re existente penès servum, patiatur dominus in peculio eam esse, quià tunc sola patientia pro traditione habetur.

Mobiles aut immobiles, corporales aut incorporales in peculio res esse possunt. Ordinarii servi in peculio aliquandò sunt vicarii eorumque peculium. Computantur quoque hæreditas et legatum. Quod servo debetur sive ab aliis, sive etiam à domino in peculio continetur, dùm ille servi sui debitor manere voluerit.

Rerum vel interitu, vel deterioratione, vel ademptione, vel contracto ære alieno peculium decrescit. Peculium servi desinere nudà domini voluntate notandum est.

Rebus peculiaribus uti tantummodò servus aut filius familias potest. Non igitur licet eas alienare, nisi liberam peculii administrationem habeat.

§ II.

Ex quarum personarum obligationibus, quibus et adversus quos de peculio actio competat.

De peculio actionem prætor pollicetur, quoties gestum est negotium cum eo in potestate, qui, si sui juris esset, ipse posset obligari. Contrà, dabitur solùm actio si locupletiùs eorum factum sit peculium. Quoties igitur cum servo vel filio familias contractum vel quasi contractum sit, et quamvis prohibuerit pater vel dominus, in eum actio de peculio datur.

Si extrà causam peculiarem fidejusserit, vel compromiserit servus, de peculio non tenetur dominus, Item est de judicato, vel jurejurando. Filii autem nomine, semper, causâ mutui exceptâ, pater de peculio tenetur. Servos enim macedonianum senatus consultum non spectat.

Ex pœnalibus causis, actionem de peculio prætor non concedit, nisi peculium ex delicto sit locupletius factum.

Non solum dominus, sed quisquis in peculio servi quodlibet jus habeat, etiam impuber, actione de peculio obligari potest. Non solùm igitur servorum propriorum nomine conveniemur, verùm etiam communium et eorum qui bonâ fide nobis serviunt et quorum usumfructum aut usum habemus, saltem ex quibus causis per illos acquirimus.

Dùm servus vel filius in potestate sit, de peculio actio est perpetua. Contra, annalis est.

Quamvis in pristinum dominum de peculio actionem intrà annum prætor polliceatur, novus tamen, vel ipse servus manumissus conveniri potest.

Hic verò notandum quòd maritus dotalis servi nomine conveniri potest, sive ex causâ quæ spectat peculium quod ad uxorem pertinet, sive quod ad ipsum.

§ I.

De peculio actionis effectus.

Quod servus aut filius debet, is ad quem peculium pertinet, quatenùs in peculio sit, actori præstare tenetur. Contrà in actionibus noxalibus judicium non accipere domino licet, si servum ab actore duci patiatur.

Servi communis nomine, potest creditor in solidum quem velit è sociis convenire, et tunc totius peculii ratio habenda est, sive apud eum cum quo agitur, sive apud socium ejus sit peculium, dùmmodò qui in solidum convenitur, quod ampliùs parte suâ solverit, per actionem sive empti, sive pro socio consequi possit.

Servus ex parte institutus hæres, ex parte conveniri potest. Sed filius ipse civiliter obligatus, etiam ex parte institutus, in solidum tamen actionem patietur.

Æstimatur peculium non litis contestatæ, sed rei judicatæ tempore. Ideò si filius vel servus, cujus nomine de peculio actum est, antè finitum judicium decesserit, id peculium respicietur quod mortis tempore habuit.

Quod sive ex contractu, sive ex rationum reliquis, sibi à servo debetur, aut his qui sunt in ejus potestate, nec non iis qui sunt in tutelâ, vel curâ, aut quorum negotia administrat, deducere potest dominus, quià, ut ait Ulpianus, prævenisse et cum filio aut servo suo egisse creditur.

Is qui convenitur, non tantùm quod à servo sibi debetur, verùm etiam quod suo socio, deducere potest.

Peculio prætor haud immeritò imputat si quid dolo malo dominus vel pater fecerit quominùs in peculio sit, veluti cùm, in fraudem creditorum, ademit servo vel filio peculium.

Creditor qui jàm de peculio egit, aucto peculio, de reliquo debiti rursùs agere potest.

DE IN REM VERSO.

(ff. XV, 3.)

Quamvis non sufficiat peculium, etiamsi nihil in peculio sit, in omne quod ex contractu servi vel filii familias in rem suam versum est, Dominus paterve tenetur.

Quomodò autem peculium non sufficiat, quùm domini debitum in illo computetur? Sæpè commodiùs est actori, ut dominus vel pater illius cum quo con-

traxit aut quasi contraxit, de in rem verso condem-
netur, quàm de peculio. Sive enim actio de peculio
anno finita sit, sive peculium sine dolo malo ademp-
tum erit, plus hâc actione quàm actione de peculio
consequitur.

§ I.

Quando de in rem verso actioni locus sit?

Si quis cum filio familias aut servo contraxerit vel
quasi contraxerit de in rem verso agere poterit cum
patre vel domino, quibus casibus procurator mandati, aut qui negotia gessit negotiorum gestorum,
actionem haberet.

Ut hæc concedatur actio, non sufficit patrem aut
dominum locupletiorem factum fuisse : necessarium
est adhuc filium vel servum patris aut domini negotium gessisse.

Quin imò oportet ut utiliter negotium gesserit, et
patrem aut dominum obligari voluerit.

Quod si ab initio non sit acceptum in rem patris
aut domini, ac posteà in rem versum appareat, actioni de in rem verso locum esse placuit.

Discernendum videtur inter necessarias et utiles
impensas : in necessariis enim totos sumptus, quamvis res perierit, in utilibus autem solùm quatenùs
valeant, præstandos esse notandum. Si verò filius
aut servus impendia voluptuaria fecit, velut si domum
domini picturis exornavit, non aliter versum videtur,

quàm si illa pater dominusve probaverit. Tunc tamen pati debet dominus aut pater creditorem, sine domûs læsione, prioris status hæc auferre tectoria.

Non solùm contra dominum in cujus rem versum est, sed etiam interdùm competit hæc actio adversùm ejus socium.

§ II.

Quandiù sit locus de in rem verso actioni.

Huic actioni locus est quandiù ex gestione filii aut servi pater dominusve debitor manet. Non concedenda est hæc actio, si servus jam domini debitor erat. Item evanescit, si posteà ipse fiat domini debitor tantæ pecuniæ quanta in rem versa erat. Pariter non locus est huic actioni, quùm de peculio jàm actum sit et tunc jàm præstiterit dominus quod in rem suam versum.

Ut suprà dictum est, aliquando perpetua esse actio de peculio desinit; actio autem de in rem verso, saltem quandiù durat versum, perpetua est, quamvis servus filiusve familias, cujus nomine competit, moriatur, alienatusve, aut emancipatus sit.

DROIT FRANÇAIS.

DU CONTRAT DE MARIAGE.
(Code civil, art. 1387-1539).

On entend par *contrat de mariage* l'ensemble des conventions faites en vue d'un futur mariage et destinées à régler la position pécuniaire des époux.

PREMIÈRE PARTIE.

PROLÉGOMÈNES.

§ I.

Nécessité d'un régime de mariage.

Avant de s'unir, avant de passer l'acte le plus important de leur vie, puisqu'il doit avoir la plus grande influence sur leur destinée, deux époux doivent déterminer par avance quels seront leurs rapports quant aux biens. Cette détermination est si éminemment utile, si nécessaire, qu'à défaut de convention expresse à cet égard entre les époux, la loi se charge elle-même d'en tracer les règles. Ainsi, reconnaissons la nécessité d'un contrat de mariage, d'abord pour déterminer comment seront supportées les charges de la vie commune, ensuite pour déterminer à qui sera confiée l'administration. Tout régime de mariage se résume donc en ces deux idées : société et mandat.

Un contrat de mariage peut encore avoir pour but de constater les libéralités que les époux peuvent se faire l'un à l'autre, ou qui leur sont faites par des tiers.

§ II.

Conditions essentielles d'un contrat de mariage.

Les conditions essentielles d'un contrat de mariage sont : le consentement des époux, leur capacité, un objet et une cause (1108).

Quant au *consentement*, il doit être libre et éclairé (1109).

Quant à l'*objet* et à la *cause*, éléments corrélatifs, les parties ont la plus grande latitude (1387). Toutefois, le législateur ne s'est montré si favorable que pour les stipulations concernant les biens des futurs époux. Tout ce qui touche aux personnes étant d'ordre public, il ne pouvait être permis aux époux d'y apporter des modifications (1388). Le système des successions se liant intimement aux lois politiques et sociales ne peut non plus subir aucune modification (1389). Les parties restent d'ailleurs soumises à la restriction portée en l'art. 6 (voir encore art. 1399, 1453, 1521 et 2140).

De plus, remarquons que la loi défend de se référer à nos anciennes lois et coutumes, comme à une autorité législative. C'eût été en perpétuer l'existence et rompre l'unité que le Code avait pour but d'introduire dans la législation. Mais il est évident que rien ne s'oppose à ce que les parties puisent dans les coutumes une disposition, pour la transcrire dans leur contrat. (1390).

Quant à la *capacité*, il faut avoir non-seulement la capacité de se marier, mais encore la capacité de contracter. Ainsi, un prodigue peut se marier, mais il ne peut seul faire son contrat de mariage, du moins déroger à la communauté légale.

Le mineur habile à contracter mariage peut consentir toutes les conventions et donations que pourrait consentir un majeur, pourvu qu'il soit assisté des personnes dont le consentement est nécessaire pour la validité de son mariage (1398).

Un cinquième élément essentiel se présente dans plusieurs contrats, c'est la *solennité des formes*. Cette solennité est exigée avec raison pour le contrat de mariage. Il ne faut pas en effet que ce contrat soit fait à la légère; et, de plus, l'acte notarié en assure la date et la conservation (1394).

Le contrat de mariage doit être rédigé avant la célébration du mariage : par conséquent tout changement postérieur à la célébration doit être déclaré nul même entre les époux (1395) et ne doit point, comme l'a prétendu M. Toullier, être regardé comme une donation révocable.

Mais, jusqu'au jour de la célébration du mariage, le contrat reste à l'état de projet; il peut donc jusqu'à ce jour être modifié. Toutefois, les changements ne sont valables qu'autant qu'ils sont faits en présence et du consentement simultané de toutes les personnes qui y ont été *parties* (1396). Ce consentement doit être exprès; nous ne pouvons donc pas appliquer ici cette maxime : *Qui tacet consentire videtur.*

Ces changements devant se lier avec la convention qu'ils sont destinés à modifier, doivent être constaté par acte notarié. De plus, pour qu'ils produisent eff à l'égard des tiers, ils doivent être rédigés à la suit de la minute du contrat de mariage, et le notaire ne peut, à peine de dommages-intérêts envers les tiers délivrer ni grosses ni expéditions du contrat, san transcrire à la suite le changement qui a été consent (1397).

Le Code de commerce prescrit une publicité parti culière pour le contrat de mariage fait entre deu conjoints, dont l'un serait ou deviendrait par la suit commerçant (C. de comm., 67-70).

On pourrait généraliser cette disposition dans l'in térêt des tiers et exiger que les époux indiquassen dans l'*acte de mariage,* sous quel régime ils se m rient (1).

---

(1) C'est précisément aujourd'hui l'objet d'une demande.

DEUXIÈME PARTIE.

Deux systèmes opposés se partageaient la France au moment de la discussion du Code civil : le régime de *communauté*, pour les pays coutumiers, et le régime *dotal*, pour les pays de droit écrit. Le régime *exclusif de communauté*, et le régime de *séparation de biens*, n'étaient réputés que des ramifications du régime de communauté. Cela tenait à ce qu'ils étaient en usage dans les mêmes pays que le régime de communauté ; cela nous explique aussi comment ces régimes se trouvent si singulièrement placés dans notre Code, pourquoi ils ne sont pas traités dans des chapitres séparés.

Sentant la nécessité d'admettre un régime *légal* ou *conventionnel tacite*, les rédacteurs du Code ont donné la préférence au régime de *communauté*, tel à peu près qu'il se trouvait organisé par la coutume de Paris.

Ainsi donc, quatre régimes : régime de *communauté*, régime *sans communauté*, régime de *séparation de biens* et régime *dotal*; le premier formant le droit commun, les trois autres ayant besoin d'être stipulés.

CHAPITRE I.

DU RÉGIME DE COMMUNAUTÉ.

La communauté est une société de biens entre époux,

soumise à des règles particulières, en raison des rapports que le mariage établit entre les époux.

Le régime de *communauté* est *légal* ou *conventionnel*, c'est-à-dire *conventionnel tacite* ou *conventionnel exprès*.

La communauté commence du jour du mariage et ne peut commencer à une autre époque (1399), une telle société ne pouvant exister qu'entre époux; et la position pécuniaire des époux devant être, à partir de la célébration du mariage, fixe et invariable. Mais une communauté stipulée sous condition ne violerait pas cet article, par ce que la condition a un effet rétroactif. Mais si la condition ne s'accomplit pas? — Si les parties ont dit : il y aura communauté s'il nait des enfants, sinon ce sera tel ou tel régime, point de difficulté. Mais si le régime n'est pas désigné? ce sera le régime de communauté légale, car les époux sont alors censés n'avoir point fait de contrat.

Section I.

De la communauté légale.

Parlons d'abord de la communauté légale. Voyons : 1° ce qu'elle contient de l'idée d'association ; 2° ce qu'elle contient de l'idée de mandat ; 3° sa dissolution.

Article Ier.

C'est sous ce régime que l'idée d'association se trouve la plus complète. Nous devons distinguer trois patrimoines, trois personnes fonctionnant parallèlement : le mari, la femme et la communauté. Rejetons donc cet axiôme, des coutumes : *Le mari est seigneur et maître de la communauté*, axiôme qui n'est qu'une hyperbole indiquant les pouvoirs étendus du mari.

Comment se forme le patrimoine de la communauté? Connaissant ce patrimoine, nous connaîtrons, par voie de conséquence , le patrimoine de chacun des époux , puisque tout ce qui n'y sera pas compris appartiendra évidemment aux époux.

§ I.

Actif de la communauté..

Distinguons quatre éléments composant l'actif de la communauté :

1° Biens dont la communauté a la propriété sans récompense ;

2° Biens dont la communauté a la propriété, sauf récompense ;

3° Usufruit du patrimoine propre des époux.

4° Créances.

1. Les biens dont la communauté a la propriété sans récompense sont : ou des biens apportés par les époux au jour de la célébration du mariage, ou des biens acquis pendant le mariage.

Parmi les biens apportés par les époux lors du mariage , tous les meubles tombent dans la communauté et tous les immeubles restent propres aux époux.

2

Il suffit même qu'un des époux soit possesseur légal d'un immeuble au jour de la célébration du mariage, pour que cet immeuble lui reste propre (1402), parce que cette possession exclut la présomption que l'immeuble a été acquis par la communauté.

Reste également propre l'immeuble dont l'un des époux était propriétaire sous une condition suspensive ou résolutoire, qui ne s'est réalisée que pendant le mariage.

Ces deux règles relatives aux meubles et aux immeubles souffrent des exceptions peu nombreuses : telle est d'abord, pour les meubles, l'exception établie par l'article 1401, 1° *in fine*. Ainsi encore un droit d'usage mobilier, une rente viagère établie à titre gratuit pour aliments, ne pouvant pas être aliénés, ne peuvent pas tomber dans la communauté ; mais en ce sens seulement, qu'à la dissolution de la communauté, l'époux rentier ou usager continuera d'avoir le droit intégral.

Une exception à la règle relative aux immeubles se trouve aussi signalée dans l'art. 1404. Elle est fondée sur ce qu'il ne faut pas qu'un des époux trompe l'espérance de son conjoint. Mais faut-il inférer à l'inverse de l'art. 1404, § II, que l'immeuble converti en argent ne tomberait pas dans la communauté ? Non, les motifs de la prohibition n'existent pas dans ce cas ; et puis, Pothier traitait ces deux cas, les rédacteurs du Code avaient cet auteur sous les yeux, ils n'ont admis qu'un cas, ils ont donc rejeté l'autre. D'ailleurs, la communauté commence, non du jour du contrat, mais du jour de la célébration du mariage (1399), et si l'article 1404 établit une exception à cet art. 1399, cette exception, nous ne devons pas l'étendre.

Quant aux biens acquis pendant le mariage, il faut distinguer :

1° Les biens advenus à l'un des époux par succession ou donation, et distinguer s'ils sont meubles ou immeubles ; car les donations et successions mobilières tombent dans la communauté, sauf exception (1401, 1° *in fine*), tandis que les donations et successions immobilières n'y tombent pas, aussi sauf exception (1405).

2° Les biens acquis à titre onéreux (1401, 3°). Ce n'est qu'une conversion des deniers de la communauté; il est donc juste que ces immeubles tombent dans la communauté.

Si un immeuble valant 300 fr. a été échangé contre un immeublu valant 1 million, est-ce un échange? Le nouvel immeuble devient-il propre à l'époux, sauf récompense, ou bien tombe-t-il dans la communauté, sauf récompense envers l'époux propriétaire ? L'article 1407 ne distingue pas... On pourrait peut-être trouver une voie d'analogie dans l'art. 866, et décider qu'il y a échange toutes les fois que l'immeuble est supérieur à la soulte, parce qu'alors la soulte n'est qu'accessoire, et au contraire, décider qu'il y a vente toutes les fois que la soulte est supérieure à l'immeuble, parce qu'alors la soulte est la partie principale. Toutefois nous serions portés à laisser cette interprétation à l'appréciation des tribunaux, qui auraient à examiner quelle a été l'intention des époux.

Un immeuble donné aux deux époux conjointement est-il un acquêt? Malgré les art. 1405 et 1401, 3°, nous déciderons que cet immeuble est propre à chacun des époux pour moitié (voir 849, 2ᵉ alinéa).

II. Les biens dont la communauté a la propriété, sauf récompense, sont d'abord le prix d'un propre à l'un des époux aliéné pendant le mariage (1433), ensuite les produits qui ne sont pas des *fruits*, par exemple, la coupe, pendant la communauté, d'une futaie non mise en coupes réglées. De même si la communauté a joui du produit des mines et carrières ouvertes pendant le mariage, elle devra récompense à l'époux propriétaire (1403, 3ᵉ alinéa.)

Quid du trésor ? il doit appartenir tout entier à la communauté comme meuble et comme produit qui n'a pas détérioré l'immeuble.

III. Le troisième élément composant l'actif de la communauté consiste dans l'usufruit du patrimoine propre des époux (1401, 2º). C'est là l'élément le plus naturel de la communauté.

Gardons-nous d'appliquer la disposition de l'article 1571 aux fruits naturels. Appliquons les règles de l'usufruit ordinaire. Néanmoins, toutes ces règles ne sont pas applicables à l'usufruit anomal de la communauté : ainsi, l'art. 590 n'est pas applicable. L'art. 1403, 2ᵉ alinéa, a eu pour but d'empêcher les donations indirectes entre les époux.

Quid pour les frais de labour et de semence ? l'art. 585 n'est pas applicable. En effet, si les frais de la récolte pendante par racines, lors de la célébration du mariage, ne sont pas payés, c'est la communauté qui les paie ; s'ils sont payés, la somme qu'a dépensée l'époux à cet égard serait entrée dans la communauté. C'est donc évidemment la communauté qui supporte ces frais au commencement du mariage. Eh bien ! il est juste qu'il lui soit dû récompense à raison des frais de culture des fruits pendants sur le fonds propre de l'un des époux lors de sa dissolution.

IV. Le quatrième élément, formant l'actif de la communauté, consiste dans les créances que peut avoir la communauté contre l'un des époux pour des avances à lui faites dans différentes circonstances (1437, 1469, 1406, 1407 et 1408).

Au cas de l'art. 1406, si l'immeuble n'était pas abandonné comme un avancement d'hoirie par un ascendant, il tomberait dans la communauté.

L'art. 1408, § II, a pour but d'empêcher le mari de faire pour lui-même un bon marché, au préjudice de sa femme, qui, d'ailleurs, peut tenir à ce bien patrimonial ; d'un autre côté, le mari peut avoir fait une sottise, et il ne faut pas que la femme la supporte.

Rappelons, en terminant, la composition de l'actif de la communauté, le principe posé dans l'art. 1402, à savoir que la communauté possédant, elle est défenderesse, que par conséquent, elle n'a rien à prouver.

Le législateur a jugé à propos de faire tomber les meubles en propriété dans la communauté. Sans doute les meubles sont moins importants que les immeubles ; mais remarquons qu'autrefois les rentes étaient immobilières. le prêt à intérêt était prohibé. Aujourd'hui les valeurs mobilières sont considérables. Le législateur, il faut le dire, n'est pas en harmonie avec nos mœurs. Les mœurs de l'époque, c'est la communauté d'acquêts, ce n'est pas la communauté légale. Toutefois, les époux pauvres peuvent ne pas avoir le moyen de faire l'inventaire de leur mobilier ; mais on aurait pu distinguer entre les meubles corporels et les meubles incorporels; ces derniers n'auraient pas dû tomber dans la communauté, De plus, s'il arrive aux époux une donation, une succession, mobilières, le motif de pauvreté n'existe plus, et la loi n'aurait pas dû faire entrer malgré eux dans la communauté cette fortune imprévue.

§ II.

Passif de la communauté.

La communauté ayant un actif doit avoir un passif. Ce passif se compose de dettes dont la communauté est tenue sans récompense, et de dettes dont elle est tenue sauf récompense.

Distinguons : 1° les dettes dont la communauté est tenue, attendu sa destination elle-même ;

2° Les dettes corrélatives à l'acquisition que la communauté fait d'une partie des biens des époux ;

3° Les dettes corrélatives à l'usufruit des biens des époux ;

4° Les dettes résultant du pouvoir d'administrer et d'aliéner les biens de la communauté ;

5° Les dettes qui peuvent être réclamées *propter in rem versum.*

1° Les dettes dont la communauté est tenue, attendu sa destination elle-même, sont relatives aux aliments des époux, à leur entretien, à l'éducation et à l'entretien des enfants (même d'un premier lit) et aux autres charges du mariage (1409,5°). De plus, la communauté doit supporter les frais relatifs au partage.

II. La communauté est une espèce d'acquéreur à titre universel : prenant une quote-part des biens, elle doit supporter une quote-part des dettes. Mais dans quelle proportion cela devrait-il être ? ne devrait-on pas établir cette proportion, en comparant la fortune mobilière et la fortune immobilière ? Pourtant l'article 1409, 1°, fait tomber dans la communauté toutes les dettes mobilières. Remarquons qu'une dette est mobilière ou immobilière par son objet, sans examiner sa cause. Les dettes immobilières sont rares ; cependant on en peut donner des exemples : je vous ai promis de vous bâtir une maison ; je vous ai promis cent arpents de terre, *in genere*, malgré qu'on puisse dire que cette dette, pouvant se résoudre en dommages-intérêts, doit être réputée mobilière.

Ces mots *sauf la récompense...* etc., qui terminent le 1° de l'art. 1409, signifient : sauf la récompense pour les dettes relatives à la conservation, ou à l'amélioration d'un propre. Ces dettes ne doivent pas être à la charge de la communauté, d'après l'art. 1437. Ainsi, la cause ne rend pas immobilière une dette mobilière par son objet, mais la cause peut empêcher que la dette reste définitivement à la charge de la communauté.

Le principe admis dans 1409 nous vient des coutumes, où la masse du mobilier d'une personne était en général grevée de la masse de ses dettes mobilières. Mais le législateur, sentant l'injustice de cette contribution, a changé le principe en matière de succession et de donation. Au lieu de diviser les dettes, d'après leur qualité de mobilières ou d'immobilières, il a établi une proportion beaucoup plus raisonnable (1411, 1412, premier alinéa, 1414, 1415 et 1418).

Toutefois ce principe de l'art. 1409 peut se justifier par cette idée que le régime de *communauté légale* est le régime des pauvres; que ces personnes n'ayant pas le moyen de faire un contrat, on ne doit pas leur faire supporter les frais d'inventaire, pour établir la proportion des meubles et des immeubles. En fait, ce principe n'est dont point injuste.

La communauté est tenue de toutes les dettes du mari, même n'ayant pas date certaine. Au contraire, elle n'est tenue des dettes de la femme que lorsqu'elles ont date certaine antérieurement au mariage (1410). Remarquons toutefois que cette certitude de date ne peut être exigée que lorsque le créancier a pu se procurer une preuve écrite : évidemment, en effet, un créancier qui vient réclamer pour un délit commis par la femme, par exemple, la veille du mariage, ne doit pas être déclaré non recevable.

Mais ou la date est antérieure au mariage, alors le créancier doit être recevable ; ou bien la dette est postérieure, et alors elle doit être nulle et le créancier ne doit pas pouvoir poursuivre même la nue propriété des biens de la femme... Cette contradiction disparaît par cette seule considération que cet acte a bien date certaine pas rapport à la femme (1322), mais qu'il n'a pas date certaine par rapport à la communauté qui est un tiers (1328).

Le deuxième paragraphe de l'article 1410 établit une présomption contre la femme, mais on doit lui permettre de prouver que la dette a vraiment été consentie pendant le mariage, partant qu'elle doit être nulle.

Si le mari a payé (1410, *in fine*), il a reconnu ainsi la validité de la dette et ne peut plus tard venir réclamer une indemnité, à moins que ce ne soit de ces dettes qui sont à la charge de la communauté, sauf récompense.

III. La communauté, véritable usufruitière, est tenue de toutes les obligations d'un usufruitier (1409, 4°). De plus, elle est tenue des arrérages et intérêts des rentes et dettes personnelles aux époux (1409, 3°); ce 3° est relatif aux propres passifs, ou dettes mobilières restées à la charge des époux (1409, 1° *in fine*, et 1412).

IV. La communauté est encore tenue des dettes que le mari contracte en vertu de son pouvoir d'administrer.

Le mari peut aliéner les biens de la communauté à titre onéreux ; donc il peut les *dare in solutum*, même pour payer ses propres dettes. De ce qu'il le peut, la loi présume qu'il le veut. C'est ainsi qu'on explique ce principe que les créanciers du mari sont en même temps créanciers de la communauté.

Les créanciers du mari pour contrats, quasi-contrats et quasi-délits, peuvent donc poursuivre le paiement de leurs créances sur les biens de la communauté. Si la cause des condamnations est un délit, la communauté est tenue, sauf récompense, des amendes, frais et condamnations civiles, s'il n'y a pas mort civile (1424). Les condamnations contre la femme ne peuvent s'exécuter que sur la nue-propriété de ses propres,

Si les condamnations prononcées contre l'un ou l'autre des époux emportent mort civile (1425), les frais, amendes et réparations civiles, ne frappent que sa part de la communauté et ses biens personnels. Si cependant la condamnation étant par contumace, la mort civile ne devait être encourue qu'au bout de cinq ans, la communauté serait tenue, sauf récompense.

La femme, mandataire de son mari, ne s'oblige pas elle-même, elle oblige le mari et la communauté (1420). Mais la femme n'est pas toujours mandataire expresse du mari, elle est souvent mandataire tacite, par exemple, lorsqu'elle agit comme intendante du ménage ; mais évidemment les achats qu'elle fait ainsi, ne doivent pas être exagérés.

La femme autorisée seulement de justice, n'oblige pas la communauté ; elle n'oblige que la nue-propriété de ses biens.

Mais si la femme contracte une dette avec l'autorisation de son mari, malgré l'ancien principe : *Qui auctor est non se obligat*, les créanciers peuvent poursuivre et la communauté et le mari (1419), parce qu'on suppose que cette dette a été contractée dans l'intérêt de la communauté. La loi ne veut pas que le mari se cache derrière les opérations de sa femme, pour se réserver les chances de gain, sans avoir les chances de perte.

L'art. 1413 fait exception à notre principe, en ne permettant la poursuite des créanciers que sur les biens personnels de la femme : mais une succession purement immobilière est destinée à ne former que des propres ; et puis, on n'a pas à craindre, dans ce cas, comme au cas de l'art. 1419, que le mari veuille ménager à la communauté des chances de gain sans chances de perte.

V. La communauté peut-être poursuivie *propter in rem versum*, lorsqu'elle a recueilli des meubles faisant partie d'une succession ou d'une donation grevée de dettes (1411, 1416, 1417 et 1418).

Remarquons que lorsque la communauté est poursuivie, cela suppose toujours une dette parallèle sur la dette de l'un des époux ; par conséquent le créancier, ayant la communauté pour débitrice, et continuant d'être créancier de l'époux débiteur, n'a fait qu'acquérir une codébitrice. Quiconque est créancier du mari est créancier de la communauté, et vice versâ ; donc le créancier de la femme, pour une dette tombant dans la communauté, est créancier des trois patrimoines.

ARTICLE II.

Voyons ce que le régime de communauté contient de l'idée de mandat.

Le mari est administrateur des biens de la femme (1428, 1429 et 1430). Il peut exercer seul les actions mobilières et possessoires appartenant à sa femme ; mais il ne peut exercer seul l'action pétitoire, que par rapport au droit d'usufruit que la communauté a sur les biens de la femme, et sans rien préjudicier aux droits de celle-ci (voir 818).

Quid de l'administration des biens de la communauté ? Voyons d'abord le cas où la femme met la main à l'administration de la communauté.

Le mari peut autoriser sa femme (1419). Cette autorisation peut même être suppléée par l'autorisation
de justice dans deux cas exceptionels (1427). La femme
autorisée par son mari à exercer la profession de mar-
chande publique, lie la communauté par tous les en-
gagements qu'elle contracte pour les besoins de son
commerce (1426).

Quant au mari, tout administrateur qu'il est, il a
vis-à-vis des tiers des droits presque aussi étendus
qu'un propriétaire. Non seulement il peut aliéner les
biens de la communauté à titre onéreux (1421), il peut
même les aliéner à titre gratuit dans certaines limites
(1422). Toutefois cet art. 1422 déroge à la coutume
de Paris, qui (art. 225) permettait au mari de donner
meubles ou immeubles sans fraude.

Remarquons que le mari pourrait vendre tous les
immeubles de la communauté et en donner le prix.

Lorsque le mari a fait une donation prohibée par
l'art. 1422, peut-il lui-même en demander la nullité
pendant le mariage ? Non, il ne peut pas même en demander la nullité après le mariage; mais à la dissolution de la communauté, la femme acceptante peut
demander cette nullité ; elle ne peut pas la demander
pendant le mariage, parce que le mari peut disposer
des fruits et des revenus de la communauté.

La disposition testamentaire du mari ne peut excé-
der sa part dans la communauté (1423), et les légataires ne peuvent réclamer en nature les objets de leur
legs que dans le cas où ils tombent dans le lot du mari
ou de ses héritiers ; sinon ils peuvent poursuivre la
récompense de leur valeur sur la part du mari dans la
communauté et sur ses biens personnels. Dans la ri-

gueur des principes, le legs est nul quand l'objet ne tombe pas au lot des héritiers du mari, comme legs de la chose d'autrui (1021). Pourquoi cette exception dans 1423 ? C'est 1° à cause des pouvoirs du mari, qui n'est pas un copropriétaire ordinaire ; c'est 2° parce qu'il a deux chances de rester propriétaire, par suite du partage, et puis, par suite de la renonciation de la femme. L'article 1423 est exceptionnel ; il n'est donc pas applicable à tout autre communiste ou copropriétaire : il faut alors appliquer la règle générale qui résulte de la combinaison des articles 883 et 1021. Il n'y a aucune raison pour appliquer l'article 1423 plutôt à la femme qu'à tout autre copropriétaire. Si l'on nous parle de collusion, nous répondrons que les légataires ont le droit d'intervenir et de forcer à tirer les lots au sort.

Quant à la dot des enfants communs, ou bien l'un des époux dote personnellement, ou bien les époux dotent conjointement, ou bien le mari dote seul en effets de la communauté (1438 et 1439) ; et remarquons que l'obligation de doter n'est pas une obligation de la communauté, mais bien une obligation naturelle, personnelle aux deux époux. (Voir à ce sujet 204.)

S'il s'agit d'un enfant du premier lit, l'époux est censé avoir tiré un profit personnel des biens de la communauté, toutes les fois que ces biens lui ont servi à doter cet enfant. (1469.)

Article III.

Dissolution de la communauté.

Examinons 1° les causes de dissolution de la com_

munauté ; 2° la faculté d'accepter ou de répudier la communauté ; 3° les effets de l'acceptation ; 4° les effets de ', renonciation.

§ I.

Causes de dissolution de la communauté.

La communauté se dissout par la mort naturelle et par la mort civile. (1441)

Remarquons la disposition de l'art. 1442, qui abroge avec raison l'ancien droit, lequel admettait une société taisible, tantôt à titre de peine, tantôt à titre de présomption d'intention.

La communauté peut se dissoudre encore, sans qu'il y ait dissolution du mariage, par les séparations judiciaires.

La séparation de biens, conséquence de la séparation de corps et la séparation de biens principale, font également cesser la communauté ; mais elles ont lieu pour des motifs différents.

Voyons les formes et les conditions de la séparation de biens principale.

Il faut 1° un jugement (1443) ;

2° Il faut qu'elle soit obtenue sur la demande de la femme. Le mari ne peut pas en effet alléguer sa dissipation, son inhabileté, ou tout au moins sa faiblesse.

Les créanciers de la femme ne peuvent pas la demander en son nom (voir 1166) ; mais la loi leur réserve expressément (1446), jusqu'à concurrence de leurs créances, l'exercice des droits de leur débitrice, en cas de faillite ou de déconfiture du mari ;

3° Il faut que la dot soit mise en péril (1443). Il suffit que le mal commence; il n'est pas nécessaire que le mal soit irréparable. Remarquons que la dot peut être en péril, sans qu'on puisse reprocher de faute au mari;

4° Il faut que l'exécution soit rapprochée du jugement (1444 C. C., comparé avec 174 et 872, C. de Proc.);

5° Il faut suivre les formes de la procédure (1445 C. C., 866, 867, 868 et 683 C. Proc.). Dans l'intérêt des tiers, le jugement de séparation doit recevoir la plus grande publicité. A quoi bon avoir dit (1445) que le jugement rétroagit au jour de la demande? C'est par ce qu'on aurait pu dire le contraire, en partant de cette idée que le mari, étant forcé de plaider, ne peut pas être qualifié de plaideur de mauvaise foi.

Les créanciers du mari peuvent intervenir dans l'instance (1447); ils peuvent même (1166) demander en son nom la nullité d'une séparation prononcée irrégulièrement, ou bien ils peuvent invoquer 1167 et se pourvoir contre le jugement par tierce-opposition.

La femme, après la séparation, reprend la libre administration de ses biens (1449). Du reste, elle demeure soumise aux charges du ménage (1448), et les règles de la puissance maritale subsistent toujours.

La communauté peut être rétablie du consentement des époux, mais il faut que le nouvel acte, qui doit être notarié, ne change rien aux conventions qui existaient avant la séparation (1451).

§ II.

Faculté d'accepter ou de répudier la communauté.

Le mari est, en nous servant du langage romain, *héritier nécessaire* de l'être moral, appelé communauté. Aussi, les anciens auteurs disaient que la communauté *était d'or pour le mari pendant le mariage, mais qu'elle était de fer après la dissolution.* La femme et ses héritiers, au contraire, sont *héritiers volontaires* : ils peuvent donc renoncer à la communauté.

Pour user de ce bénéfice de renonciation, bénéfice qui, d'abord, fut accordé aux veuves des gentilshommes morts en Palestine, puis étendu à toutes les veuves, la femme a un délai de trois mois et quarante jours (174 C. de Proc.). Ces trois mois, qui doivent être un temps de réflexion, doivent être aussi un temps d'activité : il faut faire un inventaire. (Il serait trop rigoureux d'appliquer ici l'art. 451.) Mais si la femme n'a pas fait inventaire dans le délai, peut-elle encore renoncer? On pourrait soutenir l'affirmative, en faisant observer l'analogie qui existe entre la veuve et l'héritier,.. mais l'art. 1456 est formel : il subordonne la faculté de renoncer à la confection de l'inventaire dans les trois mois. Les art. 1459 et 1461 corroborent encore cette décision.

Passons à la dissolution de la communauté sans dissolution du mariage.

La femme séparée de corps (1463), n'étant point en possession, n'a point à prouver qu'elle a les mains nettes. L'inventaire n'est donc pas nécessaire. D'un autre côté, après le délai, elle est présumée avoir renoncé; toutefois, on pourrait admettre la preuve contraire.

Quid, au cas de dissolution par la séparation de biens? L'inventaire n'est pas plus nécessaire, puisque le mari est également en possession : la femme, dans ce cas, doit aussi être présumée renonçante.

Toute renonciation faite par la femme, en fraude des droits de ses créanciers, peut évidemment être attaquée par eux, et ils ont la faculté d'accepter la communauté de son chef (1464).

Les héritiers de la femme ne sont pas présumés acceptants; c'est à eux à se présenter : leur silence doit être interprété comme une renonciation. Ils n'ont pas même besoin de faire l'inventaire pour renoncer, parce que, n'ayant rien entre les mains, ils ne peuvent rien dilapider (1466 combiné avec 1463). Quant à la disposition de l'art. 1475, elle leur est applicable et, au cas de mort de la femme avant le mari, et au cas de mort du mari, puis de mort de la femme. (Voir, au contraire 781, 782 et 786).

La femme ne doit pas être instantanément déclarée étrangère à la maison commune : c'est sur cette idée qu'est basé l'article 1465.

§ III.

Effets de l'acceptation.

Par suite de l'acceptation de la femme, un partage devient nécessaire : il faut donc former l'actif et le passif de la communauté.

Pour la formation de l'actif, une liquidation est presque toujours indispensable pour rendre compte des sommes qui ont été avancées par la communauté aux époux, et *vice versâ*. Notre Code, qui permet les donations entre époux, croit cependant devoir prévenir entre eux des avantages indirects, qui pourraient avoir le caractère d'irrévocabilité : c'est sur cette crainte qu'est basé tout le système des récompenses. Le législateur part donc de ce principe que les époux ne doivent pas s'enrichir aux dépens de la communauté, ni la communauté aux dépens des époux, ni l'un des époux aux dépens de l'autre (1433 et 1437).

Pour le *quantùm* de la récompense, il faut distinguer si la dépense était nécessaire ou simplement utile. Si la dépense était nécessaire, l'indemnité doit être intégrale : effectivement, dans ce cas, l'époux est enrichi d'autant, puisque lui-même aurait fait cette dépense. Si la dépense était seulement utile (les améliorations ne sont jamais que des dépenses utiles), la récompense ne sera-t-elle que de la plus-value ? Il faut distinguer : si la dépense a été faite par celui qui en a profité, la récompense doit être de la totalité, parce qu'il y a eu véritablement emprunt ; au contraire, si la dépense a été faite par l'autre époux, sans le concours de l'époux intéressé, alors, il n'y a que simple gestion d'affaires, et l'indemnité n'est que de la plus-value.

Lorsqu'un immeuble propre à l'un des époux a été vendu, le devoir du mari est de rétablir l'équilibre normal au moyen du remploi (1434 et 1435). L'acte constatant ce remploi doit indiquer 1° l'origine des deniers ; 2° l'intention de faire un remploi, 3° le consentement de l'époux. Il n'est pas nécessaire que l'acceptation de la femme ait lieu lors de l'acquisition ; elle peut accepter le remploi que son mari lui propose, jusqu'à la dissolution de la communauté. Mais entendons-nous : tant que la femme n'a pas accepté, le mari peut aliéner l'immeuble, il peut révoquer sa pollicitation. Si le remploi n'a pas eu lieu, la récompense due par la communauté doit être du *prix réel* de la vente (1436).

Si un des conjoints apporte un usufruit sur un immeuble, cet usufruit, étant un droit immobilier, ne tombe pas dans la communauté, mais la communauté profite des produits de cet usufruit. Si cet usufruit est vendu ou échangé pour un immeuble, le capital ou l'immeuble qui remplace cet usufruit reste propre au conjoint usufruitier ; mais Pothier veut que la communauté soit indemnisée de tout le déficit qu'elle éprouve, car, probablement, les produits de l'usufruit auraient été plus considérables que les intérêts du capital ou les revenus de l'immeuble reçu en échange... Nous serions portés à n'accorder à la communauté aucune indemnité : une fois l'usufruit valablement échangé, tout est consommé. La communauté, dès-lors, n'a droit qu'aux revenus qu'on perçoit du nouvel immeuble ou de la somme touchée pour prix. La communauté ne peut pas dire *à priori* : j'ai l'usufruit de tel ou tel immeuble ; mais elle peut dire *à posteriori* : j'ai l'usufruit de tel immeuble, appartenant à l un des époux ; or, cet usufruit cesse dès que l'immeuble ne lui appartient plus. On doit donner la même solution au cas inverse, c'est-à-dire au cas où l'un des époux propriétaire d'un immeuble, l'aurait échangé contre un droit d'usufruit. — Mais ce système ouvre la porte aux fraudes, parce qu'il facilite le moyen d'enrichir ou d'appauvrir la communauté, partant de se faire des donations indirectes irrévocables? — Où donc a-t-on vu que le mari doive récompense, parce qu'il transforme un immeuble qui produit en un immeuble qui ne produit rien, ou du moins, qui ne produira qu'au bout d'un certain nombre d'années? Nulle part, et cependant le mari a diminué la communauté, puisque, sans retirer aucun profit, il peut même lui imposer des charges, comme frais d'entretien, frais de garde. La loi ne s'est point occupée de la jouissance, elle ne s'est occupée que du capital, qui ne doit pas être diminué.

L'actif de la communauté étant formé d'après les articles 1468 et 1469, chaque époux exerce ses prélevements (1470). Ces rapports et prélevements peuvent se faire fictivement et par voie de compensation, si les époux y consentent. Mais remarquons que la loi permet à la femme 1° d'exercer ses prélevements avant ceux du mari; 2° en cas d'insuffisance des biens de la communauté, de les exercer sur les biens du mari, tandis que celui-ci ne peut exercer les siens que sur ceux de la communauté (1436, 1471 et 1472).

La communauté n'ayant plus, à partir de sa dissolution, de représentant qui puisse poursuivre ni être poursuivi pour elle, les intérêts des sommes dues à elle, ou par elle, courent de plein droit (1473). Les mêmes motifs n'existant plus quant aux indemnités que peuvent se devoir les époux l'un à l'autre, les intérêts n'en courent que du jour de la demande (1479).

Aprés ces rapports et ces prélevements, le partage s'opère par moitié entre les époux ou ceux qui les représentent (1474 qui est contraire à 1853).

L'actif de la communauté se partageant par moitié, il est naturel que le passif soit supporté dans la même proportion (1482). Mais remarquons d'abord que cette contribution par moitié ne peut s'appliquer qu'aux dettes, tombées à la charge de la communauté sans récompense. Remarquons, en second lieu, que la *contribution* des époux diffère du *droit de poursuite* des créanciers.

Signalons ici un privilége important accordé à la femme, par l'art. 1483, et fondé sur les mêmes motifs que le bénéfice de renonciation. Ce privilége lui est accordé, tant à l'égard des créanciers qu'à l'égard du mari; mais, toutefois, elle ne peut l'opposer qu'aux créanciers, envers qui elle n'est point obligée personnellement, envers qui elle n'est obligée que comme commune, et encore sous la condition qu'elle aura fait constater, par un inventaire, ce qui lui sera échu par le partage.

Même ayant le bénéfice de l'art. 1483, il peut être beaucoup plus avantageux, pour la femme, de renoncer que d'accepter (voir 1514).

Ce bénéfice, accordé à la femme, diffère du bénéfice d'inventaire, en ce que la déclaration au greffe, n'est pas nécessaire. De plus, l'héritier bénéficiaire ne peut être poursuivi sur ses propres biens, tandis que la femme peut être poursuivie, même sur ses biens, mais seulement jusqu'à concurrence de l'émolument qu'elle a retiré de la communauté.

La femme peut donc être poursuivie pour la totalité

des dettes auxquelles elle était personnellement obligée, et, dans ce cas, si la dette était tombée dans la communauté, elle a recours contre son mari pour la moitié (1486).

Quant au mari, il est tenu, vis-à-vis des créanciers, de la totalité des dettes qu'il a lui-même contractées (1484), sauf aussi son recours contre la femme ou ses héritiers, s'il y a lieu.

L'époux, non débiteur personnellement, est tenu de payer la moitié des dettes de la communauté (1485 et 1487); mais est-ce sans examiner si la communauté en est tenue ou non sans récompense?... Rappelons-nous nos cinq classes de dettes (voir la composition du passif de la communauté) : le 1°, le 3° et le 5° indiquent des dettes à la charge définitive de la communauté. Mais quid pour le 2° et le 4°?.... Point de difficulté pour les dettes mobilières non relatives aux propres, puisqu'elles sont tombées dans la communauté sans récompense. Mais quid des dettes relatives aux propres (1409, 1° in fine)? quid également des dettes venues de successions ou donations (1412, 2° al., 1416 et 1418)? Nous dirons que la communauté n'en était tenue, pendant sa durée, que comme détentrice des capitaux et des revenus, par conséquent qu'après la dissolution, l'époux personnellement débiteur peut seul être poursuivi. Pour le 4°, il suffit que le créancier ait pu croire que l'acte concernait la communauté, pour qu'il ait le droit de poursuivre chacun des époux, même après la dissolution. Mais évidemment le créancier, par suite d'un délit, ne se trouve pas dans ce cas ; il en est de même de l'enfant doté personnellement.

Si l'un des époux a payé par l'effet de l'hypothèque (1489), ou de la solidarité à laquelle il s'était soumis dans l'intérêt de la communauté (1487), il a évidemment son recours contre l'autre époux ou ses hétiers, pour ce qu'il a payé au-delà de sa part.

Chacun des époux, avons-nous dit, supporte la moitié des dettes; mais les époux peuvent admettre une autre contribution (1490); toutefois cette convention sera sans effet à l'égard des créanciers.

§ IV.

Effets de la renonciation.

La femme qui renonce n'a droit à rien de ce qui se trouve dans la communauté, pas même à sa mise, mais elle retire les linges et hardes à son usage (1492). Sous la dénomination de linges et hardes nous ne devons pas comprendre les diamants et bijoux.

Tout reste au mari *jure non decrescenti.* Toutefois tout ce que la femme a le droit de prélever quand elle accepte, elle a le droit de le reprendre quand elle renonce (1470, 1493 et 1495).

La femme renonçante n'est point contribuable, mais elle peut être poursuivie, soit pour une obligation personnelle, soit en vertu d'une hypothèque, sauf son recours contre qui de droit (1494).

Pour sûreté de ses reprises, la femme a une hypothèque légale sur les biens de son mari (2121 et 2135). Elle a aussi, en cas de renonciation, une hypothèque sûr les conquêts de la communauté ; mais c'est en les supposant encore entre les mains du mari à la disso-lution de la communauté, car, par une conséquence du mandat tacite qu'elle donne à son mari, la femme ne peut prétendre avoir une hypothèque sur les im-meubles de la communauté, aliénés par le mari pen-dant le mariage. Les immeubles ont été aliénés par le mari comme administrateur de la communauté, par conséquent en son nom et au nom de sa femme. Sans cela les tiers acquéreurs seraient constamment forcés de faire intervenir la femme, ce que le Code ne dit pas (1421, qui donne au mari le pouvoir d'alié-ner seul les biens de la communauté). Quant aux im-meubles qui sont restés entre les mains du mari, si des hypothèques ont été consenties, les créanciers hypothécaires doivent primer la femme, encore par une conséquence du mandat tacite. Si l'on objecte que la femme renonçante est censée n'avoir jamais été commune, nous répondrons qu'alors vaudrait autant poser en principe que la femme n'est pas associée pendant le mariage, puisque, soit qu'on admette que la femme renonçante n'a jamais été commune, soit qu'on admette qu'elle l'a été, mais sous une condition résolutoire, on arrive absolument au même résultat pratique. Sans doute la femme renonçante est réputée n'avoir jamais été commune, en ce sens qu'elle est déchargée de toute contribution aux dettes, mais les droits valablement consentis par le mari doivent rester tels.

SECTION II.

De la communauté conventionnelle.

On entend par *Communauté conventionnelle*, l'ensemble des clauses qui, sans détruire la communauté, la modifient néanmoins notablement.

Les rédacteurs du Code n'ont pas prétendu énumérer toutes les clauses qui peuvent être insérées dans un contrat de mariage; elles sont en effet infinies, puisqu'il suffit qu'on ne mette pas de clause prohibée, Mais ils ont suivi Pothier, qui énumérait les clauses les plus usuelles,

Ces diverses clauses ne portent point atteinte à l'idée de mandat, d'administration, mais elles portent atteinte au principe d'association, et comme elles ne sont que des dérogations au droit commun, nous devons nous référer aux règles de la communauté légale, toutes les fois qu'il n'y a pas été dérogé explicitement ou implicitement (1528).

De ces huit clauses, cinq modifient la composition de la communauté; les trois autres ne changent rien à la composition matérielle active ou passive de la communauté, mais elles modifient les droits des époux.

ARTICLE I.

Voyons d'abord les clauses qui modifient la composition de la communauté.

1° Clause qui étend l'actif et le passif;
2° Clause qui étend l'actif seulement;

3° Clause qui diminue l'actif sans le passif;
4. Clause qui diminue le passif seulement ;
5° Clause qui diminue l'actif et le passif ;

§ 1er.

Clause étendant l'actif et le passif ou clause de communauté à titre universel.

L'article 1526, contrairement aux principes des sociétés ordinaires (1837), permet aux époux d'établir une communauté universelle de tous leurs biens, meubles et immeubles, présens et à venir, ensemble ou séparément. Par analogie avec l'art. 1542, nous déciderons que la clause par laquelle les époux déclarent mettre dans leur communauté tous leurs biens, meubles et immeubles, ne comprend pas les immeubles à venir.

§ II.

Clause étendant l'actif seulement, ou clause d'ameublissement.

Cette clause a pour objet de rendre meubles des immeubles, en ce qui concerne les droits de la communauté.

Les époux peuvent ameublir, soit leurs immeubles présens, soit leurs immeubles à venir, soit leurs immeubles présents et à venir (1505).

L'ameublissement à titre particulier est *déterminé* ou *indéterminé*.

— 43 —

L'ameublissement déterminé est proprement dit ou improprement dit (1506, 2ᵉ alinéa).

Le premier est l'ameublissement d'un ou plusieurs immeubles déterminés en totalité, ou pour une quote part. Le deuxième est l'ameublissement d'un ou plusieurs immeubles déterminés, jusqu'à concurrence d'une certaine somme. Dans le premier, la communauté est propriétaire des immeubles ameublis, et le mari peut en disposer comme des conquêts (1507 1ᵉʳ et 2ᵉ alinéa). Dans le deuxième, il n'a que le droit de les hypothéquer, jusqu'à concurrence de la somme fixée (1507, 3ᵉ alinéa). Remarquons qu'ici il y a assignat limitatif, que, par conséquent, si l'immeuble ainsi ameubli vient à périr, l'époux est libéré.

L'ameublissement est indéterminé quand un époux ameublit ses immeubles jusqu'à concurrence d'une certaine somme (1506, 3ᵉ alinéa). Il n'en transfère pas la propriété à la communauté, seulement le mari peut les hypothéquer jusqu'à concurrence de la somme pour laquelle ils ont été ameublis (1508). Il y a encore ici assignat limitatif, de sorte que, si tous les immeubles périssent, la dette de l'époux est éteinte.

La détermination peut-elle être faite pendant le mariage ? Nous le pensons, parce qu'elle était permise dans l'ancien droit et que l'art. 1595 semble l'autoriser.

L'ameublissement, à titre particulier, oblige à la garantie, soit de la valeur de l'immeuble ameubli, soit de la somme promise.

L'époux qui a ameubli un immeuble, et ses héritiers peuvent, à la dissolution de la communauté, le précompter sur leur part, suivant sa valeur actuelle (1509).

§ III.

Clause diminuant l'actif seulement ou clause de réalisation.

Cette clause, vu la composition actuelle des fortunes très considérables souvent en mobilier, est très favorisée et très en usage.

Les époux peuvent exclure de la communauté leur mobilier présent et futur en tout ou en partie ; alors ils apportent leurs dettes, comme ils les apportent dans la communauté légale, lors même qn'ils n'ont que des immeubles.

La réalisation ne résulte pas toujours d'une déclaration expresse (1500, 1er alinéa); elle peut n'être que tacite, elle peut résulter de la clause d'apport de telle somme ou de tel objet, le surplus étant alors réalisé (1500, alin. 2).

La clause d'apport constitue le conjoint qui a parlé, débiteur de la somme promise, c'est à lui à prouver sa libération (1501); et on comprend que le genre de preuves doit différer suivant qu'il s'agit du mari ou de la femme; le mari, en effet, ne peut pas se donner quittance à lui-même (1502).

Le surplus du mobilier reste donc propre (1503), mais à la condition d'être constaté par un inventaire (voir 1499).

Quant aux meubles échus pendant le mariage, le mari qui veut en faire la reprise n'en peut prouver la consistance que par un inventaire ou autre titre équivalent. Au contraire, tout moyen de preuve est ouvert à la femme (1504).

Les époux restent-ils propriétaires des meubles réalisés, ou bien n'ont-ils qu'une créance de la valeur? Entre les époux, nul doute que la propriété ne soit conservée. Mais le mari a-t-il le mandat d'aliéner valablement ces objets réalisés ? évidemment pour les choses fongibles, la femme n'a qu'une créance, mais si ce sont des corps certains, non livrés au mari sur estimation (voir 1551) ? les tiers pourront invoquer l'art. 2279 ; mais si ces tiers sont de mauvaise foi, la femme pourra revendiquer. On oppose l'art. 1503, mais cet article a été copié dans Pothier qui admettait que le mari devenait propriétaire des meubles réalisés sans distinction ; il ne s'applique d'ailleurs qu'à la clause d'apport.

§ IV.

Clause diminuant le passif seulement ou clause de séparation de dettes.

La clause de séparation de dettes est *expresse* ou *tacite*. Elle est expresse lorsque les époux conviennent qu'ils paieront séparément leurs dettes (1510, 1er al.). Remarquons qu'il ne s'agit que des dettes dont la cause est antérieure au mariage, et non point des dettes contractées depuis, ou provenant de successions ou donations, dont le passif en effet sera supporté par l'actif.

La clause de séparation est tacite lorsque les époux ou l'un d'eux font à la communauté un apport spécial d'une somme ou d'un corps certain (1511) ; l'apport effectivement ne serait pas intégral, s'il y avait des dettes.

La clause de séparation de dettes produit deux effets différents.

1° Entre *conjoints*, elle oblige le conjoint débiteur à faire raison des dettes pour lui acquittées par la communauté, mais non des intérêts et arrérages qui ont couru depuis le mariage, car ils sont une charge des fruits (1502).

2° *A l'égard des tiers* : s'il y a eu un inventaire, les créanciers, sans distinguer entre les créanciers du mari et les créanciers de la femme, n'auront aucun droit au-delà du mobilier apporté par leur débiteur. Mais s'il n'y a point eu d'inventaire, la clause de séparation de dettes n'aura son effet qu'entre les époux; les créanciers de l'un ou l'autre conjoint pourront poursuivre tous les biens de la communauté, sauf pourtant les biens dûment constatés provenir du chef de l'autre époux.

La séparation de dettes peut encore avoir lieu par la clause de *franc et quitte* (1513), qui consiste dans la déclaration faite dans le contrat de mariage par un parent ou un étranger qu'un des époux n'a aucune dette. Mais cette clause n'a aucun effet à l'égard des tiers, et elle laisse à la charge de l'époux les intérêts et arrérages des dettes ou rentes. Si la communauté a fait des avances, il lui en est dû indemnité par l'époux débiteur. Cette indemnité peut même être réclamée par voie de garantie, mais subsidiairement, contre ceux qui ont déclaré l'époux franc et quitte; et s'il s'agissait de la femme, le mari pourrait, même pendant la communauté, actionner les garants en indemnité, sauf leur recours à sa dissolution.

§ V.

Clause diminuant l'actif et le passif, ou clause de communauté réduite aux acquéts.

La communauté réduite aux acquéts comprend l'usufruit actif et passif des biens de chaque époux. Il n'y a aucune mise, mais il y a l'expectative des revenus, et puis il y a l'industrie et l'économie des époux (1498). Cette clause retranche les art. 1401, 1° et 1409, 1°; elle n'est que la réunion des clauses de réalisation et de séparation de dettes dans leur sens le plus étendu.

A la dissolution de la communauté, chacun des époux exerce ses prélévements, en justifiant des causes de ses reprises. Nous devons compléter l'art. 1499 par l'art. 1504; mais, remarquons-le bien, il s'agit dans cet art. 1504 du mobilier *échu pendant le mariage*, et non de celui qui a été apporté lors du mariage; ce n'est donc que pour ce mobilier *échu pendant le mariage*, que l'art. 1499 doit être modifié par l'art. 1504.

Article II.

Passons aux clauses qui modifient les conséquences de la dissolution de la communauté.

1° Clause accordant à la femme la faculté de reprendre son apport franc et quitte.

2° Clause de préciput.

3° Clauses changeant la fixation des parts des époux.

§ I.

Clause accordant à la femme la faculté de reprendre son apport franc et quitte.

Nous avons vu que la femme était une associée commanditaire, ne risquant que sa mise : eh bien ! elle peut convenir qu'elle pourra reprendre sa mise, même en renonçant (1514). La position de la femme se trouve par là singulièrement améliorée, elle a toutes les chances de gain, sans avoir de chance de perte, si toutefois son mari a des immeubles pour l'efficacité de son hypothèque légale.

Cette clause, extrêmement dérogatoire au droit commun (voir 1855, al. 2) ne doit pas être étendue au-delà des choses formellement exprimées, ni à l'égard de personnes non désignées.

Du reste, la femme ne reprend ses apports que sous la déduction des dettes à elle personnelles et acquittées par la communauté.

Cette clause devient évidemment moins utile, depuis que la clause de réalisation devient plus fréquente.

§ II.

Clause de préciput.

Autrefois il y avait un préciput légal, maintenant il ne peut y avoir qu'un préciput conventionnel.

La clause de préciput autorise l'un des époux à prendre, avant le partage, sur la masse commune, certains objets ou une certaine somme (1515); donc il est de la nature du préciput de ne s'exercer que sur la masse partageable, donc pour pouvoir profiter du préciput, il faut que la femme accepte la communauté. Et remarquons qu'avant de songer à partager, par conséquent avant de songer à exercer le préciput *proprement dit*, il faut que les reprises et du mari et de la femme aient eu lieu.

Si, au contraire, le préciput est *improprement dit*, c'est-à-dire si on est convenu que la femme l'exercera, même au cas de renonciation, c'est alors une véritable créance qu'elle peut exercer même sur les biens personnels du mari.

Le législateur a eu pour but dans l'art. 1516 de dispenser le préciput des formes de la donation : il n'est assujetti qu'aux formalités qui régissent les conventions de mariage, mais, au fond, c'est une véritable donation. Cet art. 1516 est donc inutile; il n'est là que par ce qu'on a copié Pothier, qui nous apprend que le préciput était dispensé de l'*insinuation*.

Le préciput ne produit du reste aucun effet à l'égard des tiers (1519).

Des quatre causes de dissolution de la communauté, il n'y a que la mort naturelle et la mort civile qui donnent ouverture au préciput (1517). La séparation de corps et la séparation de biens n'ouvrent pas le droit mais ces mots : L'époux qui a obtenu le divorce, etc. (1518), font voir, *e contrario*, que l'époux défendeur à la demande en séparation de corps perd son droit au préciput. Si les arguments, négatifs ordinairement ne sont pas probants, c'est parce qu'ils ne sont pas directs. Si c'est la femme qui a obtenu gain de cause, la somme reste provisoirement au mari, lequel donne caution de remettre cette somme à la femme, au cas où elle survivrait. Mais pourquoi la femme serait-elle privée, dès maintenant, de la moitié du préciput, dont elle aurait joui, s'il n'y avait pas eu de clause de préciput? Il faut donc dire que cette remise, entre les mains du mari, ne doit porter que sur la moitié qu'il remettra à la femme si elle survit. Mais l'art. 1518 est complétement applicable au cas où la femme aurait renoncé, si toutefois le préciput peut être exercé même au cas de renonciation. *Quid* du cas où c'est le mari qui aurait conservé son droit au préciput? la décision doit être la même, il n'y a aucune raison de différence.

§ III.

Clauses changeant la fixation des parts des époux.

Les époux peuvent, comme dans les sociétés ordinaires, adopter un tarif différent du droit commun, c'est-à-dire s'assigner dans la communauté des parts inégales. Toutefois, la loi veut que le passif soit exactement proportionné à l'actif (1521). Cette clause peut bien n'être que le retour au droit commun (1853), mais en fait, l'époux réduit peut très bien avoir versé la somme la plus forte.

La clause de forfait de communauté supprime, pour ainsi dire, le partage (1522, 1523 et 1524). Elle n'est, du reste, directement obligatoire que contre le mari et ses héritiers, puisque la femme et ses héritiers ont toujours le droit de renoncer à la communauté.

On peut stipuler que la totalité de la communauté appartiendra au survivant ou à l'un d'eux seulement s'il survit (1525). Mais alors les enfants du premier lit peuvent-ils attaquer cette clause? Oui, d'après un arrêt de la Cour de cassation, s'appuyant sur l'art. 1527, mais non d'après nous. En effet, les libéralités sur les fruits sont à l'abri des réductions (1527), et ici, il n'est question que de fruits, puisque le conjoint, qui ne prend rien dans la communauté, reprend ses apports.

Nota. Remarquons en terminant l'analyse rapide du régime de communauté, soit légale, soit conventionnelle, qu'en général la loi ne considère la confusion du mobilier que comme une convention matrimoniale, et comme un avantage indirect; mais, lorsque cette confusion opère au profit de l'un des époux, ayant des enfants d'un premier lit, un avantage supérieur à celui autorisé par l'art. 1098, ces enfants ont le droit d'exercer l'action en retranchement. Au surplus, et nous l'avons déjà dit, la confusion des travaux et des revenus ne peut jamais constituer un avantage réductible (1496 et 1527).

CHAPITRE II.

Du régime exclusif sans communauté.

Sous ce régime, il n'y a point de personne morale, appelée communauté. La femme n'est point associée; le mari est tenu seulement de nourrir et d'entretenir sa femme et de se charger de l'éducation des enfants

A cet effet, l'association se compose des biens du mari et de l'apport que fait la femme de la jouissance de ses biens (1530). Ayant tout les droits d'un usufruitier sur les biens de sa femme, le mari doit en supporter toutes les charges (1533); toutefois il ne paraît pas tenu de donner caution (voir 1550).

Que décider pour les fruits, produits de l'industrie de la femme? quid, par exemple, des gains] venant d'un commerce séparé, d'un œuvre littéraire, d'un tableau? appartiennent-ils au mari? Non; ce ne sont point des fruits proprement dits; nous devons nous décider en faveur de la femme.

Quelle est l'étendue du mandat donné au mari? Il a le mandat général d'administrer; il a le même pouvoir sur les biens propres de la femme que sous le régime de la communauté (1531). (Voir 1428, 1429, 1430 et 818).

Mais le mari peut-il aliéner les meubles de la femme? Non, du moins pour les meubles dont il ne devient pas propriétaire, sauf toutefois l'application de 2279, et malgré 1503, et malgré l'argument à contrario du troisième alinéa de 1428, article qui s'applique au régime de communauté et qui suppose que tous les meubles sont tombés dans la communauté.

La femme, sous ce régime, n'a que ce que le mari veut bien lui concéder; alors, il est bon qu'elle mette une clause, par laquelle elle se réserve la faculté de toucher elle-même une certaine portion de ses revenus (1534). Toutefois la femme est propriétaire du bien qu'elle a acheté, lors même qu'il n'apparaîtrait pas que le prix en a été payé avec ses capitaux ou avec l'argent provenant de l'aliénation d'un autre bien;

mais alors elle doit indemnité au mari pour le prix de ce bien, à moins qu'elle ne prouve que ce prix ne lui a pas été procuré par le mari.

La femme sous ce régime peut également demander la séparation de biens.

CHAPITRE III.

Du régime de séparation de biens.

Le plus simple des quatre régimes, celui qui change le moins la situation des conjoints, c'est le régime de *séparation de biens*. Il n'y a nul fonds commun, il n'y a qu'une association de revenus pour les charges du ménage. Dans la séparation de biens judiciaire, la femme contribue aux charges du ménage proportionnellement à ses biens comparés à ceux du mari. Dans la séparation de biens conventionnelle, la femme y contribue dans la proportion fixée par le contrat de mariage, et, dans la pratique, on stipule ordinairement que les charges seront supportées par moitié. A défaut de convention à ce sujet, la femme est tenue de verser ès mains du mari le tiers de ses revenus (1537).

L'idée de mandat ne se présente point sous ce régime. Sous le rapport de l'administration, les époux ne changent pas par suite du mariage; mais leur capacité est modifiée. Ainsi, la femme est incapable de plaider et d'aliéner ses immeubles, mais elle peut aliéner son mobilier, du moins à titre onéreux (1536 et 1538). Toutefois, elle ne peut s'obliger qu'en ce qui a rapport à l'administration. Toutes les actions, soit mobilières, soit immobilières, soit possessoires, soit pétitoires, restent à la femme, mais elle doit être autorisée pour pouvoir les exercer.

Quant à la responsabilité du mari, elle est indiquée par l'art. 1450.

Si la femme ne versait pas ès-mains du mari le tiers de ses revenus, le mari pourrait, en vertu de l'art. 1166, actionner lui-même les fermiers de sa femme.

Sans doute, le mari n'est pas mandataire de droit, mais il peut être constitué mandataire. Toutefois, ce mandat, à la différence du mandat légal, sera révocable à la volonté de la femme. Les art. 1577, 1578 et 1579 sont du reste applicables.